hänssler

Präsente

Doch wir

Theo Lehmann

stehn wieder auf

Mit Fotografien von M. Pawlitzki

Sie hauen auf mich ein, bis ich den Halt verlier,

Nach Tod

Doch ich steh wieder auf.

und Dunkelheit

Ich werde abgeschossen, fliege vor die Tür.

siegte das Licht.

Doch ich steh wieder auf.

Wer jetzt

an den Auferstandenen

Was uns bedrückt, das ist die eigne Bitterkeit.

glaubt,

Doch wir stehn wieder auf.

fürchtet sich nicht.

Uns macht verrückt die Angst in dieser großen Zeit.

Doch wir stehn wieder auf.

Die Umgefallenen, die Stummen bitten wir:

Kommt doch, steht wieder auf!

Gebt euch nicht selber auf! Noch brauchen wir euch hier!

Kommt doch, steht wieder auf!

Sie legen uns aufs Kreuz. Es geht mit uns bergab.

Doch wir stehn wieder auf.

Sie legen uns am Schluss als Tote in ein Grab.

Doch wir stehn wieder auf.

Gerade in den schönsten

Stunden des Lebens spürst du

am schmerzlichsten:

Die Uhr läuft unerbittlich ab.

Der Countdown hat begonnen.

Du kannst die Zeit nicht

anhalten!

Ich werde nie den Abend vergessen, als ich mein erstes Konzert mit Louis Armstrong erlebte. Damals war Armstrong noch voll in Form und ich war ganz jung. Und ich konnte es überhaupt nicht fassen, dass ich diesen Mann, den ich nur von Schallplatten her kannte, ein paar Meter vor mir stehen und schwitzen sah, ihn hören konnte.

Das war so unwahrscheinlich, so traumhaft schön – ich war einfach selig und ich hatte nur einen Wunsch: das Konzert sollte immer weitergehen und niemals aufhören.

Aber ich musste die ganze Zeit, gerade weil es so herrlich war, denken: In spätestens zwei Stunden, in einer Stunde, in einer halben Stunde ist alles vorbei.

Und so war es ja auch. Nach der letzten Zugabe fiel der Vorhang. Licht aus. Und ich musste raustreten in die Finsternis der Nacht in einer fremden Stadt.

Aber zum Glück hatte ich dort einen Freund, der mir ein Zimmer verschafft hatte.

Mein Freund, ich frage dich:

Wo gehst du hin, wenn die Vorstellung deines Lebens endgültig aus ist? Wenn der Vorhang fällt, wenn du abtreten musst, raus in die Finsternis der Todesnacht?

Hast du einen Freund, der dann eine Wohnung für dich hat, wenn du hier deine Zelte abbrechen musst?

Jesus sagt:

„Im Haus meines Vaters gibt es viele Wohnungen, und ich gehe jetzt, um dort einen Platz für euch bereitzumachen."

(Johannes 14,2, Gute Nachricht)

Es gibt einen,

der dir hilft,

mit den Rätseln

deines Lebens

fertig zu werden.

Ohne Jesus ist dein Leben so verwirrend wie ein ungelöstes Kreuzworträtsel.

Nur das Wort vom Kreuz löst das Rätsel deines Lebens. Denn das größte Rätsel deines Lebens ist die Sünde, diese unheimliche Macht, die alles, sogar das Gute, das du willst, kaputt macht. Von dieser Macht hat Jesus dich losgekauft, als er am Kreuz für dich starb.

Ich behaupte nicht, dass es für mich keine Rätsel mehr gibt, weil ich Christ bin. Ich verstehe Jesus in vielem nicht, kein bisschen. Aber ich weiß, dass Jesus alle Gewalt gegeben ist im Himmel und auf der Erde.

Wenn Gott den toten Jesus auferweckt hat, kann er jeden munter machen.

Wenn Gott den in seinem Felsengrab eingemauerten, von Soldaten bewachten Leichnam von Jesus lebendig gemacht hat, kann er jeden in seiner Sünde abgestorbenen Menschen zu einem neuen Leben erwecken.
Wenn für Gott der tote Jesus kein hoffnungsloser Fall war,
dann gibt es für ihn überhaupt keine hoffnungslosen Fälle.
In Christus gibt es Hoffnung für alle.
Alle können gerettet werden.
Auch du.
Der Gott, der Gräber öffnen kann,
kann auch Menschenherzen öffnen.
Auch deins.
Der Gott, der Steine von einem Grab wegschieben kann,
kann auch deine Ängste und Probleme wegschieben,
damit du wieder Land siehst, atmen, froh sein, leben kannst.
Auch wenn du für dich keine Hoffnung mehr hast.
Auch wenn du denkst, in deinem Leben könnte sich nichts mehr ändern.
Für dich gibt es noch Hoffnung!
Gott hofft für dich!

Vielleicht wirst du abgeschossen und fliegst vor die Tür.
Die Tür zu Gott bleibt dir immer offen.
Vielleicht schließt sich eines Tages hinter dir die Tür zu einer Gefängniszelle.
Die Tür zu Gott bleibt dir immer offen.
Aus allen Gefängnissen, Folterkammern, Höllen der Verzweiflung und Schuld hört Gott die Schreie seiner Kinder und sieht ihre Tränen. Und nichts und niemand kann verhindern, dass du mit Jesus in Kontakt bist und von ihm Hilfe empfängst.
Man hat Christen schon die Hände abgehackt, aber sie konnten auch ohne Hände beten. Man hat ihnen die Zunge abgeschnitten, aber sie konnten auch ohne Zunge beten. Man hat ihre Körper abgeschlachtet, aber sie konnten sterbend beten, weil sie wussten: für uns Christen ist der Tod die Tür, durch die wir direkt in Gottes Reich gehen.
Egal, wann und wie wir sterben, was auch mit uns geschieht, was auch kommt –, es kommt nur auf eins an: Jesus die Treue halten. Jesus sagt: „Ich komme bald! Halte, was du hast!"
Es gibt Situationen, wo es nur noch eine Rettungsmöglichkeit gibt: festhalten. Einfach festhalten.
Wenn du Schlitten fährst und du kommst ins Schleudern, dann klammerst du dich fest an den Schlitten, und wenn der noch so altmodisch und unmodern ist – er ist dein einziger Halt!
Im Moment fährt der Teufel mit der Welt Schlitten. Alle Welt ist ins Schleudern gekommen, aus der Bahn geworfen. Der Glaube an Gott gilt als unmodern, seine Gebote als altmodisch; es wird Ehebruch getrieben, es werden Kinder abgetrieben, es wird mit Gottes Schöpfung Schindluder getrieben, es wird das Rüsten auf die Raketenspitze getrieben, es werden die Menschen in Angst getrieben und alle haben das Gefühl: es geht rasend bergab.

„Finsternis bedeckt das Erdreich und Dunkel die Völker. Aber über dir geht auf der Herr und seine Herrlichkeit erscheint über dir.“

(Jesaja 60,2)

Am Rande des Horizonts unserer untergehenden Welt erscheint wie die aufgehende Sonne der wieder-kommende Christus, der Richter und Retter der Welt.

Die Zukunft der Welt liegt nicht in der Hand von Menschen, die sich an die Stelle Gottes setzen. Sie liegt in der Hand Gottes, der sich an die Stelle des Menschen gesetzt hat.

Die Zukunft der Welt liegt nicht in der Hand der Massenschlächter, die uns heute mit ihren Raketen bedrohen und den Massenmord vorbereiten. Das sind die Pfuscher, die in Gottes Plänen herumpfuschen.

Die Zukunft der Welt liegt in den Händen von Jesus. Das sind die Hände, die sich für mich am Kreuz durchbohren ließen.

Mit diesen Händen hat er meine Schuld weggenommen.

Deswegen ist es für mich gut zu wissen, dass er auch meine Zukunft in seine Hand genommen hat.

Es gibt tausend Gründe,

sich vor der Zukunft zu fürchten.

Es gibt einen einzigen Grund,

sich nicht vor der Zukunft

zu fürchten: Jesus.

Die Antwort, mein Freund,

gibt Jesus nur allein.

Was ist das Leben und was ist der Tod,

Die Antwort

was ist dazwischen die Zeit?

gibt Jesus nur allein.

Wozu die Liebe und wozu das Leid,

wozu die Lust und der Schmerz?

Wie heißt das Glück und wie finde ich es,

wie heißt der Weg zu ihm hin?

Wer ist die Hoffnung für mich und die Welt,

wer ist der Friede für uns?

Wo komm ich her und wo gehe ich hin,

wo liegt von allem der Sinn?

Wann komm ich heim und wann komm ich zum Ziel,

wann bin ich endlich zu Haus?

Jesus kann lebendig machen. Das ist der Sinn der Geschichte von dem jungen Mann aus Nain, den Jesus von den Toten auferweckt hat. Dieser junge Mann ist ein Vorbote von Ostern, ein Signal der Hoffnung, dass in Gottes neuer Welt alle Leichenzüge gestoppt werden. So steht es in der Bibel: „Und Gott wird abwischen alle Tränen von ihren Augen und der Tod wird nicht mehr sein.“ (Offenbarung 21,4)

Das ist der Himmel. Das ist das Reich Gottes. Das ist das ewige Leben.
Und das fängt nicht erst an, wenn du den Löffel abgibst, sondern das fängt an, wenn du Jesus dein Leben gibst. Jesus kann lebendig machen. Das gilt nicht erst für den Tag der Auferstehung am Weltende, sondern das gilt auch für den heutigen Tag, für alle Menschen in der Welt, die am Ende sind, die abgelaufen sind, bei denen nichts mehr läuft.
Deine Liebe ist abgestorben? Deine Ehe ist tot? Bei euch läuft nichts mehr? Jesus kann lebendig machen! Wenn Jesus einen Toten lebendig machen kann, kann er auch deine Ehe wieder lebendig machen. Toter als dieser junge Mann kann man gar nicht sein. Aber Jesus durchbricht die Schallmauer des Todes, er schafft Neues – neues Leben, wo nichts mehr war.

Diese Geschichte von dem jungen Mann aus Nain ist eine große Hoffnung für dich!

Egal, wie abgestorben du dich fühlst oder bist. Jesus kann lebendig machen!

Jesus nachfolgen heißt nicht,

im ruhigen Hafen

ein geruhsames Leben zu führen.

Nachfolge heißt: rausfahren auf die offene See,

ins Risiko, in die Gefahr.

Nachfolge heißt: kämpfen, leiden.

Wenn dir das alles zu riskant ist,

dann steig lieber nicht ein.

Bleib ruhig am sicheren Ufer,

distanziere dich von Jesus

und es bleibt dir eine Menge Ärger erspart.

Nur musst du bedenken,

dass du dann auch nie drüben am andern Ufer,

in Gottes ewigem Frieden, ankommst.

Und das wäre schade.

Denn es kommt im Leben nicht darauf an,

dass du deine Ruhe hast,

sondern dass du Frieden mit Gott hast.

Am 5. April 1968 wurde der amerikanische Baptistenprediger Dr. Martin Luther King erschossen. Am Abend vor seiner Ermordung sagte er: „Ich möchte allein Gottes Willen tun. Ich habe hinübergeschaut und das Gelobte Land gesehen. Darum bin ich heute Abend glücklich. Ich sorge mich um nichts. Ich fürchte keinen Menschen. Meine Augen haben die Herrlichkeit des kommenden Gottesreichs gesehen."

Keine Frage – eines Tages gehen wir alle aus dieser Welt. Die Frage ist nur: Wo gehen wir dann hin? In das ewige Leben oder in den ewigen Tod? Sehen wir, eingekeilt in Berge von Problemen, überhaupt noch Land? Sehen wir noch über den Horizont des Alltags hinaus? Sehnen wir uns nach Gottes Ewigkeit? Haben wir sie überhaupt noch im Blick?

Wer die Perspektive auf Gottes Reich hat, kann beides: getrost aus diesem Leben gehen und gestärkt gegen die Probleme in diesem Leben angehen.

NOCH bedeutet, dass jetzt etwas ist, das irgendwann zu Ende ist. „Wir haben noch einen Kantor." Klartext: Wenn der pensioniert wird, wird die Planstelle gestrichen. „In unseren Gottesdienst kommen nur noch drei junge Ehepaare." Klartext: Es ist damit zu rechnen, dass die nächstens auch noch wegbleiben. Dieses NOCH *ist der wehleidig-resignierte Unterton zu der Melodie: „O du lieber Augustin, alles ist hin."*

Es gibt aber noch ein anderes NOCH. *Das ist das mit dem triumphierenden Unterton der Hoffnung zu der Melodie: Alles ist drin!*
Entgegen allen schlechten Erfahrungen, aller hämischen Kritik, allem pessimistischen Genörgel, allen Tief- und Schicksalsschlägen stellt die Bibel fest: Gottes Herz hat noch nicht aufgehört zu schlagen. „Seine Barmherzigkeit hat noch kein Ende." (Klagelieder 3,22)
Auch wenn unter uns Menschen schon längst das Zeitalter der Lieblosigkeit angebrochen ist – nach Gottes Zeitrechnung leben wir im Zeitalter der Barmherzigkeit. Seine Verheißungen haben noch volle Geltung. Wer sie in Anspruch nimmt und ihn daraufhin anspricht, bekommt Freispruch von seiner Schuld.

Neugeburt, Neuanfang, neues Leben ist möglich. Und das für jeden, der will, rund um die Uhr, rund um den Globus. Die Rettungsaktion Gottes wurde noch nicht abgeblasen. Gott hat uns noch nicht abgehakt. Unser Fall ist noch nicht abgeschlossen. Das Experiment mit der revoltierenden Menschheit ist noch nicht abgebrochen. Der Ofen ist noch nicht aus.
Irgendwann kommt aber das Ende, das große AUS *für die Weltgeschichte.*

Auch wenn man manchmal den Eindruck hat, dass der Schiedsrichter schon zum Schlusspfiff angesetzt hat – Tatsache ist: Es ist noch nicht soweit. Trotz Ozonloch – das NOCH der Bibel lässt uns hoffen.

Als der Mensch auf dem Mond landete, stellte er nach dem Verlassen des Raumschiffs als Erstes eine Fahne auf. Als Noah nach der Sintflut landete, stellte er nach dem Verlassen der Arche als Erstes einen Altar auf. Der erste Archonaut kniete demütig vor seinem Gott.

Also nicht: erst bauen, dann beten, sondern umgekehrt. Noah beginnt seinen neuen Lebensabschnitt mit Gott. Der weiß zwar, dass das Herz des Menschen nach wie vor der Sintflut sündig ist, solange es schlägt. Aber er verspricht, nie wieder dazwischenzuschlagen. Gott will die Vernichtung nicht. Von ihm droht uns keine Gefahr. Am gefährlichsten ist der Mensch durch sich selbst bedroht. Er ist kaputt und macht die Erde kaputt. Unsere Zeit wird gebeutelt durch Horrorvisionen von Weltuntergangskatastrophen.

Gott garantiert: es gibt nie wieder eine Sintflut. Das gibt er uns nicht nur schwarz auf weiß in der Bibel, sondern in allen Regenbogenfarben. Er hat das Zeichen seines Friedenswillens in die Wolken und später seinen Sohn Jesus als Friedensbringer in die Welt gesetzt. Eines Tages kommt Jesus wieder und die Erde vergeht. Bis dahin steht sie unwiderruflich unter dem Segen Gottes.

Als Jesus zum

ersten Mal hier

Sie konnten ihn anspucken.

war, kam er in

Sie konnten ihn ans Kreuz nageln,

Niedrigkeit –

und bis zum heutigen Tag kann jeder auf ihn pfeifen.

als Kind, als

Aber am letzten Tag,

Mensch,

wenn das große Spiel der Weltgeschichte abgepfiffen wird,

als Bauarbeiter.

kommt er in Herrlichkeit, also so,

Sah aus wie

dass jeder sehen kann und jeder sehen muss,

jeder andere.

dass er der Herr der Welt ist.

Keiner konnte

ihm ansehen,

Allen anderen Herren,

dass er der Herr

die du geehrt oder gefürchtet hast,

der Welt ist.

vor denen du gekatzbuckelt und gekrochen bist,

wirst du nie wieder begegnen.

Der Einzige, dem du nochmal begegnen wirst, nach deinem Tod,

ist JESUS.

Da fährt einer bei Rot über die Kreuzung. Folge: es kracht. Der Mann steigt aus, wirft einen Blick auf seine verbeulte Karosse und anschließend dem dabeistehenden Verkehrspolizisten vor: „Wie konnten Sie das zulassen?“

Na, wie find ich denn so was? Die Polizei ist für die Zulassung von Autos, aber nicht von Unfällen zuständig. Und außerdem: nicht der Polizist, der Fahrer ist schuldig! Deshalb ist die Frage des Unfallverursachers unlogisch, unfair und unverschämt. Genauso wie meistens die Frage der meisten, die immer, wenn's kracht, fragen: „Wie konnte Gott das zulassen?“
Wer in Gott nur den sieht, der bloß dafür zu sorgen hat, dass es guten Menschen nicht schlecht geht und unser Leben möglichst unfallfrei verläuft, der muss natürlich so fragen. Der müsste aber fairerweise die gleiche Frage auch dann stellen, wenn´s schlechten Menschen gut geht. Und vor allem dann, wenn er selber ein Stoppschild überfährt und nichts passiert.
Bei Rot über die Kreuzung preschen, das machen doch alle, die ein Gebot Gottes übertreten. Die Leute huren, klauen, lügen, betrügen, treiben ab, als ob es die Gebote nie gegeben hätte. Und Gott, der Geber der Gebote, guckt zu. Warum haut er nicht zu? Wenn Gott jedes Mal auf der Stelle zuschlagen würde, wenn einer ein Gebot übertritt, würde unsere Welt auf der Stelle zum Leichenfeld. Nicht einer bliebe am Leben, weil nach Aussage der Bibel nicht einer ohne Sünde ist. Wir alle (auch mit weniger groben, aber deswegen nicht weniger

schweren Sünden) leben nur davon, dass Gott nicht auf der Stelle zuschlägt, sondern zuwartet, ob einer umkehrt. Er könnte nicht nur zuschlagen (denn er ist Gott), sondern er hätte sogar ein Recht dazu (denn er ist Gott). Luther hat mal gesagt, dass Gott uns zerquetschen könnte wie eine Laus. Dass er es nicht macht, ist unverdiente Gnade, unverständliche Güte, unvergleichliche Barmherzigkeit. Lausige Zeiten brechen für unbußfertige Sünder an, wenn der Jüngste Tag anbricht und Jesus zum Gericht kommt. Herrliche Zeiten sind bis dahin für bußfertige Sünder, die ihre Schuld vor Gott bekennen und sie sich vergeben lassen. Noch geht's.

LIVING
Getting the exes together

Über die Stadt Sodom steht in der Bibel: „Sie lebte sorglos und im Überfluss. Um Arme kümmerte sie sich nicht.“ *(Ezechiel 16,49, Gute Nachricht)*

Diesen Arroganzballon des Altertums ließ Gott in einer schrecklichen Katastrophe untergehen.

Aber bevor Gott ein Gericht schickt, schickt er eine Warnung. Die fanden die Bürger von Sodom allerdings „einfach lächerlich“. Und dann kam das angekündigte, angeblich lächerliche Gericht. Die Stadt verging im Feuer. Den Menschen verging das Lachen. Aber da war es schon zu spät. Pass auf, dass es für dich nicht eines Tages zu spät ist. Es ist später, als du denkst!

Die Uhr tickt. Der Countdown läuft. Das Gericht kommt. Und dort rettet dich nur einer: Jesus. Als er am Kreuz starb, hat er wie ein Blitzableiter Gottes Gericht über die Welt auf sich gezogen. Ohne diesen Blitzschutz bist du dem kommenden Gericht schutzlos ausgeliefert. Liefere Jesus dein Leben aus. Lass ihn heute nicht abblitzen. Nimm ihn als Blitzableiter. Unterstelle dich ihm ganz.

Halbe Sache ist sinnlos. Das sieht man an der Frau des Sodomer Bürgers Lot. Gott hatte den beiden gesagt: „Haut ab! Rennt um euer Leben! Aber seht euch nicht um!“ Lots Frau war schon gerettet, aber sie sah sich um und starb auf der Stelle. Deshalb sagt Jesus: „Denkt an Lots Frau!“ (Lukas 17,32)

„Wenn ich der Stein der Weisen wär', dann gäbe es mich nicht“ (Katrin Paul). Was wäre, wenn ...? Was wäre, wenn ich nicht in Hildesheim, sondern in Fulda geboren wäre? Was wäre, wenn ich nicht die Hilde, sondern die Hulda geheiratet hätte?

Sicher, da wäre manches anders. Aber was? Und wäre es besser?
Was bei dieser Fragerei herauskommt, sind weiter nichts als Spekulationen. So, wie die Geschichte gelaufen ist, ist sie gelaufen. Damit muss ich leben. Damit muss ich mich auseinandersetzen. Mit dem, was ist, und nicht mit dem, was gewesen wäre, wenn. Es ist müßig, sich auf diese Gedankenspielereien einzulassen: was wäre, wenn ...?
Ich mag diese Fragen nicht. Mit einer Ausnahme: Was wäre, wenn Gottes Güte nicht wäre?
Wenn man anfängt, darüber nachzudenken, beginnt der Boden einem unter den Füßen wegzurutschen. Ganz bis zu Ende gedacht, ganz genau genommen, muss die Antwort heißen: nichts. Denn dass Gott die Welt aus dem Nichts geschaffen hat, ist ja schon der erste Ausdruck seiner Güte. Ohne ihn wär einfach nix da, basta. Nun ist sie aber da, die Welt. Sie wurde von Anfang an mit dem Gütesiegel 1A versehen: „Gott sah an alles, was er gemacht hatte, und siehe, es war sehr gut“ (1. Mose 1,31).
Gott hat gute Arbeit geleistet. Er leistet sich keinen Pfusch. Er liefert keine Konstruktionen, die nicht halten, was sie versprechen. Sein Wort erhält die Welt bis zum heutigen Tage. Inzwischen ist das Ganze allerdings ziemlich ramponiert. Der Mensch hat Unbeschreibliches geleistet, um Gottes gute Schöpfung zu verhunzen. Aber – der Mensch ist noch da, die Erde ist noch da, weil Gottes Barmherzigkeit noch da ist. Noch! Das heißt also: es gibt auch hier eine Begrenzung. Irgendwann kommt das Ende. Aber, und das ist das Gute an Gottes Güte – soweit ist es noch nicht. Noch sind wir da. Da kann es doch gar nichts anderes geben, als Gott zu danken.

Dankbarkeit ist die einzige angemessene Reaktion auf die Güte Gottes.

„Er wurde zusehends aufgehoben und eine Wolke nahm ihn auf, vor ihren Augen weg." So heißt es in der Apostelgeschichte. Dieser Satz beschreibt, was wir Himmelfahrt nennen.

Jesus redet mit seinen Jüngern und auf einmal hebt er ab. Wolke davor, weg ist er. Die Jünger sind baff, stehen da und stieren nach oben: „Was is'n jetzt los?" Selbst wenn sie ein Fernrohr gehabt hätten, hätte ihnen das nichts genützt. Es gibt nichts zu sehen. Eine Wolke steht davor. Wenn du ins Theater gehst, ist vor der Bühne ein Vorhang. Wenn der zu ist, kannst du noch so angestrengt durch dein Opernglas gucken – was dahinter passiert, siehst du nicht. Sollst du ja auch nicht. Geht dich nichts an, wie die Bühne zum Szenenwechsel umgebaut wird. Himmelfahrt ist Szenenwechsel. Erst war Jesus auf der Erde, jetzt ist er im Himmel; und wie das vor sich geht, geht uns nichts an. Deine intellektuellen Bauchschmerzen lösen sich in nichts auf, wenn du endlich mal zur Kenntnis nimmst, dass der biblische Himmel kein Ort, sondern dort ist,

wo Gott ist. Das ist kein Ort, das ist eine Dimension. Der Himmel der Bibel ist keine kosmische, sondern eine geistliche Dimension. Wenn du allerdings den Himmel der Bibel mit dem Himmel über der Erde verwechselst, dann bist du genauso ein Primitivling wie der Juri Gagarin, der ganz naiv erzählt hat, er hätte bei seinem Weltraumflug keinen Gott gesichtet. Solche mittelalterlichen Vorstellungen kannst du dir als Christ allerdings nicht leisten. Da hat sich schon der Luther drüber lustig gemacht, dass manche sich das so vorstellen: der Himmel wäre ein Ort, in den Jesus mit der Leiter hochgestiegen ist. Ich habe jetzt auch gehört, dass ein Computer ausgerechnet hat: Wenn Jesus mit Lichtgeschwindigkeit abgefahren wäre, wäre er noch 718.000 Jahre unterwegs, um wenigstens bis zum Andromedanebel zu kommen. Wenn mit diesem Rechenexempel etwas bewiesen worden ist, dann nur eins: es ist möglich, dass ein Computer richtig rechnet, das Ergebnis aber trotzdem Blödsinn ist. Jesus ist weder unterwegs nach dem Andromedanebel, noch sonst in irgendwelchen nebelhaften Gefilden, sondern er ist unterwegs zu dir. Himmelfahrt heißt nicht, dass sich Jesus mit Lichtgeschwindigkeit von dir entfernt, sondern dass er sich dir nähert, um dich zu erleuchten. Der Raumfahrer eiert zwischen den Planeten herum. Jesus sitzt zwischen uns. Raumfahrt ist Ortswechsel. Himmelfahrt ist Szenenwechsel und dazwischen liegen Welten! Und es geht nicht darum, dass du dir das vorstellst, sondern dass du dich auf die neue Szene einstellst, die in unserer Gegenwart spielt. Die Szene, in der Jesus als Mensch auf der Erde lebte, ist vorbei. Jetzt lebt der Menschensohn als Gott im Himmel.

Jetzt ist Jesus nicht mehr in Israel, jetzt ist er überall.

„Und dem Engel

der Gemeinde in Smyrna

schreibe: Das sagt der Erste

und der Letzte, der tot war

und ist lebendig geworden."

(Offenbarung 2,8)

Hier spricht Christus, der Auferstandene. Jesus gehört nicht zu denen, die eine Zeit lang da sind und dann im Nebel der Geschichte verschwinden. Sein Name gehört nicht zu denen, die eine Zeit lang in jeder Zeitung stehen und ein paar Jahre später vergessen sind wie die Namen so vieler Politiker, Machthaber, Superstars.

Er ist der Erste, der Schöpfer dieser Welt – und er ist der Letzte. Wenn sie alle abgegessen haben, die Götter und Götzen, die Systeme und Weltanschauungen, die mächtigen Erbauer von gewaltigen Gedankengebäuden, von beeindruckenden Prachtbauten, von bedrückenden Verbannungsorten, wenn sie alle weg sind vom Fenster ihrer Paläste, wenn sie gestürzt sind von ihren Posten, wenn sie runter sind von ihren hohen Rossen und Denkmalssockeln, wenn sie Staub sind – vergessen, verschollen, versunken, wenn diese ganze Welt versinken wird: Jesus ist der Letzte.

Den Göttern und Götzen, denen von damals und denen von heute, wirst du nie wieder begegnen. Aber Jesus, dem wirst du begegnen. Der steht am Ende der Geschichte, auch der Geschichte deines Lebens.

Er ist ewig. Wenn du an ihn glaubst und ihm die Treue hältst bis an dein Ende, wirst du mit ihm leben in Ewigkeit.

Nur ein einziger Weg,

Der Weg, eng und schmal,

nur ein einziger Gott!

führt durch das finstre Tal.

Nur ein einziger Weg –

Doch fürchte dich nicht!

und der heißt Jesus Christus –

Es ist der Weg zum Licht.

führt uns alle ins Verheißene Land.

Du wirst nicht allein

auf diesem Wege sein.

Viel Freunde sind hier

und gehn den Weg mit dir.

Es ist nicht zu spät,

kehr um, solang es geht.

Drum komm und geh mit.

Tu jetzt den ersten Schritt!

Die Lehre von der Seelenwanderung stammt aus Indien, aus dem Hinduismus. Dort gilt die Seelenwanderung als Strafe. Bei uns gilt sie mehr als Belohnung. In jedem Fall gilt: die Lehre von der Seelenwanderung ist ein großer Betrug, ein tödlicher Irrtum, eine gefährliche Irrlehre. Der ganze Seelenwanderungsschwindel wird durch einen einzigen biblischen Satz aus den Angeln gehoben. Der Satz steht im Hebräerbrief 9,27: „Jeder Mensch stirbt ein einziges Mal und kommt dann vor das Gericht Gottes." (Gute Nachricht) Das ist nun aber ein Gedanke, der für viele noch schwerer zu ertragen ist, als der Gedanke an den Tod.
Denn, wenn es wirklich ein Gericht gibt, wenn unser Leben noch einmal durchgecheckt wird, wenn wir für alles, was wir getan oder unterlassen haben, vor Gott Rechenschaft geben müssen, dann müssten wir uns ja jetzt darauf einstellen. Dann müssten wir ja unser ganzes Leben immer im Blick auf dieses Gericht führen. Dann müsste unser oberster Grundsatz nicht heißen „Hauptsache gesund", sondern „Hauptsache gerettet". Dann müsste die wichtigste Frage nicht lauten: „Wie kriege ich mein Leben möglichst gut hin?", sondern: „Wie kriege ich es hin, dass Gott im Gericht zu mir gut ist? Wie kriege ich einen gnädigen Gott?" Und tatsächlich ist das die wichtigste Frage des

Lebens, denn dein Leben endet vor Gott. Weil aber viele Menschen dem Ernst dieser Frage nicht standhalten wollen, weil sie sich vor Gott nicht verantworten wollen, haben sie sich die verschiedensten Tricks ausgedacht, um den Tod zu verharmlosen. Die neueste Masche ist das Gerede vom „schönen Tod" bei den New-Age-Fans. Aber das ist Larifari, harmonischer Zuckerguss, der den schrecklichen Tod versüßen und verkleistern soll.
Die Wirklichkeit ist anders. Die Bibel beschreibt sie in ihrer nüchternen Härte mit einem Satz:

„Jeder Mensch stirbt ein einziges Mal und kommt dann vor das Gericht Gottes."

Diese Welt mit aller ihrer Schönheit muss vergehn.

Hier kann auch das Schönste nicht in Ewigkeit bestehn.

Diese Welt mit aller ihrer Schönheit muss vergehn,

aber unser Herr, der kommt.

Diese Welt mit allen ihren Freuden muss vergehn.

Hier kann auch das Beste nicht in Ewigkeit bestehn.

Diese Welt mit allen ihren Freuden muss vergehn,

aber unser Herr, der kommt.

Diese Welt mit allen ihren Leiden muss vergehn.

Hier kann auch das Schlimmste nicht in Ewigkeit bestehn.

Diese Welt mit allen ihren Leiden muss vergehn,

aber unser Herr, der kommt.

Freunde, kommt, singt Halleluja!
Diese Welt mit allen ihren Herren muss vergehn.
Freunde, kommt, singt Halleluja!
Hier kann auch der Größte nicht in Ewigkeit bestehn.
Freunde, kommt, singt Halleluja!
Diese Welt mit allen ihren Herren muss vergehn,
Denn unser Herr, der kommt.
aber unser Herr, der kommt.

Niemand kann uns sagen, ob es noch ein 21. Jahrhundert geben wird. Aber die Bibel sagt uns, dass es eine Auferstehung geben wird.

Irgendwann, am Jüngsten Tag, wenn Jesus wiederkommen wird, wird auf den Friedhöfen aufgeräumt. Als Erstes wird er seine Freunde, die Christen, aus ihren Gräbern rufen.

Wirst du dabei sein?

Die andern müssen natürlich auch alle raus. Beim Morgenappell zur Ewigkeit kann keiner einfach in der Koje liegen bleiben, als ob ihn die Gerichtsposaune nichts anginge.

Gelupft werden alle, raus müssen alle, auferstehen werden alle, und dann kommt für alle das Gericht.

Die einen dürfen ihre Ewigkeit mit Jesus verbringen – das ist der Himmel.

Die andern müssen ihre Ewigkeit ohne Jesus verbringen – das ist die Hölle.

Und wo wirst du deine Ewigkeit verbringen?

Das letzte Wort

Das letzte Wort spricht Jesus Christ.

spricht Jesus Christ.

Auch unser Tod ist nicht das Letzte.

Das letzte Wort spricht Jesus Christ.

Die Deutsche Bibliothek – CIP-Einheitsaufnahme

Lehmann, Theo:
Doch wir stehn wieder auf / Theo Lehmann. – Neuhausen-Stuttgart: Hänssler, 1997
(Hänssler-Präsente)
ISBN 3-7751-2465-9

Hänssler-Präsente
Bestell-Nr. 392.465

Umschlaggestaltung und Innengestaltung: Dialog Werbeagentur, Waldbronn
Titelfotos und Fotos im Innenteil: M. Pawlitzki, Augsburg
Printed in Italy